Ingrid Walter-Ammon

Seidenmalerei Schmuckkarten und Miniaturbilder

FALKEN

Im FALKEN Verlag sind bereits zahlreiche Bücher zum Thema Seidenmalerei erschienen, zum Beispiel:
„Hobby Seidenmalerei" (Nr. 0611)
„Neue zauberhafte Seidenmalerei" (Nr. 0924)
„Seidenmalerei als Kunst und Hobby" (Nr. 4264)
„Seidenmalerei in Vollendung" (Nr. 4414)

ISBN 3 8068 5166 2

Titelbild: Photo-Design-Studio Gerhard Burock, Wiesbaden-Naurod
Fotos: Photo-Design-Studio Gerhard Burock, Wiesbaden-Naurod;
Photostudio J. & G. Klintzsch ABCV, Kassel (Seite 7)
Reinzeichnung des Vorlagebogens: Ulrike Hoffmann, Bodenheim
Layout: Design Christiane Rauert, Dortmund

Satz: Dinges & Frick GmbH, Wiesbaden
Druck: U. E. Sebald GmbH, Nürnberg

817 2635 44

INHALT

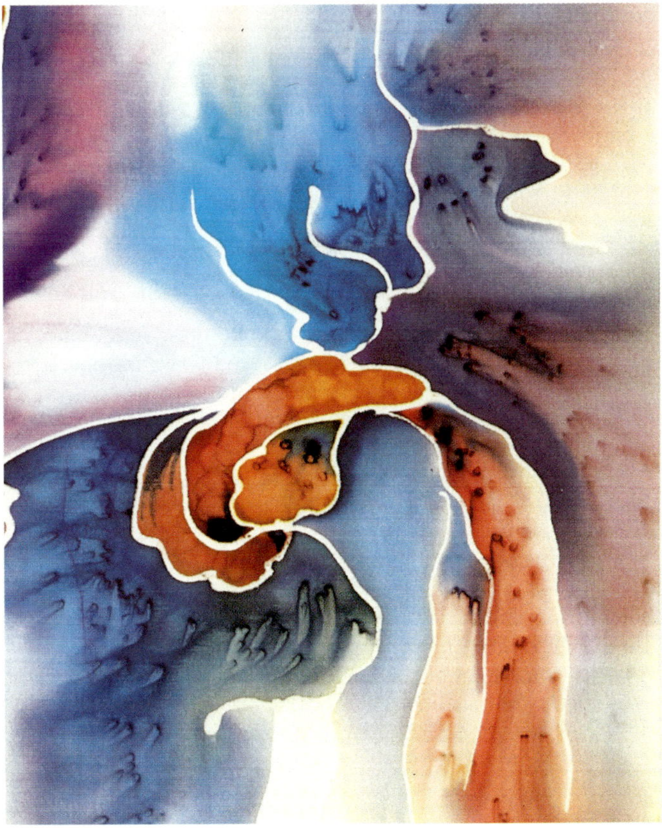

Motive, die sich aus Farbharmonien und -kontrasten zusammensetzen, eignen sich besonders für Schmuckkarten und Miniaturbilder. Der Phantasie sind bei der Gestaltung keine Grenzen gesetzt

MATERIALÜBERSICHT

EINKAUFSHILFE

Bevor Sie mit dem Malen beginnen, sollten Sie sich die benötigten Utensilien zurechtlegen. Viele Dinge werden Sie sicherlich im Haus haben, alles andere erhalten Sie in Bastelgeschäften, wo man Sie auch berät.

Seide
Als Seide für kleine Formate empfiehlt sich der preiswerte Pongé oder Crêpe de Chine. Für die auf Seite 12 beschriebene Doppelbemalung braucht man zusätzlich transparente Seide, zum Beispiel Georgette oder Chiffon.

Spannrahmen
Zum Bemalen spannt man die Seide auf Holzrahmen. Bewährt haben sich Steckrahmen von 50 x 50 cm: Hier kann man gleichzeitig mehrere kleine Bilder malen.

Dreizackstifte
Zum Aufspannen der Seide auf den Holzrahmen eignen sich Dreizackstifte am besten, denn sie hinterlassen am Rand der Seide weniger Spuren als einfache Reißnägel.

Glasscheibe
Statt die Seide auf einen Holzrahmen zu spannen, kann man sie auch mit den Rändern auf eine Glasscheibe kleben. Diese Technik bietet manchen Vorteil (siehe Seite 9).

Klebeband
Mit selbstklebendem Gewebeband faßt man die scharfen Kanten der Glasscheibe rundherum ein, um Beschädigungen der Seide und Schnitte an den Händen zu verhindern.
Mit Kreppband befestigt man die Seide auf der Glasscheibe. Wer seine Bilder in Dampfdrucktopf fixiert, hält damit die eingewickelten Päckchen zusammen.

Farben
Damit die Farben licht- und waschecht sind, muß man sie fixieren. Im Handel unterscheidet man dampffixierbare, flüssig- und bügelfixierbare Farben; am brillantesten und beständigsten sind die dampffixierbaren.

Alkohol und Wasser
Mit Alkohol (90%) oder Spiritus und mit Wasser werden die Farbkonzentrate verdünnt. Ebenso lassen sich damit interessante Effekte beim Malen erzielen.

Pinsel
Für die Bemalung sehr kleiner Bildflächen sollte man sich mehrere dünne Pinsel zulegen. Sie müssen von guter Elastizität sein und immer wieder eine feine Spitze bilden.

Konturmittel, Benzin und Liner
Gutta oder Konturmittel wird benötigt, um Flächen einzugrenzen und hinterher mit Farbe auszumalen. Es gibt wasserlösliche und benzinlösliche Gutta. Die letzte ist geeigneter für dünne Linien. Man entfernt dieses Mittel nach dem Fixieren in der Reinigung (oder bei kleinen Teilen in Wasch- oder Feuerzeugbenzin).

Um benzinlösliche Gutta bis zur richtigen Konsistenz zu verdünnen, setzt man etwas Feuerzeugbenzin zu. Pipettenaufsätze (Liner) setzt man auf das Guttafläschchen, um besonders feine Linien zu ziehen.

Stoffmalfarbe

Wer die Seide statt auf einem Rahmen auf einer Glasscheibe bemalt, verwendet zum Konturenziehen Stoffmalfarbe in metallic-perlweiß anstelle von Gutta. Gutta würde auf dem Glas festkleben. Die pastose Stoffmalfarbe bleibt auch nach dem Fixieren und Waschen der Seide erhalten. Die metallic-perlweiße Farbe kann man auch mit Seidenmalfarbe einfärben. Verdünnt sollte sie nur mit Farbe werden, nicht aber mit Wasser.

Palette

Das Farbkonzentrat sollte man nur mit einem sauberen Pinsel entnehmen und dann erst in einer Kunststoffpalette verdünnen und mischen. Genauso eignen sich die Schraubverschlüsse von Marmeladengläsern oder ähnliches.

Fön und Küchenkrepp

Mit einem Fön kann man Farbe in ihrem Verlaufen bremsen und so ganz bestimmte Ränder auf der Seide festhalten. Küchenkrepp oder Papiertaschentücher sollte man bereitliegen haben, um überschüssige Farbe wegzutupfen.

Imprägnierungen

Damit die Farbe auf der Seide nicht so stark verläuft, sondern eher wie auf Papier stehenbleibt, kann man den Malgrund zuvor mit einem Antifusant oder mit Tapetenkleister bestreichen und dadurch imprägnieren.

Salz

Zusätzliche Effekte erzielt man mit Salzkörnern, die auf die noch feuchte Seide gestreut werden. Salz zieht Feuchtigkeit an, es entstehen feine Strukturen.

Sonstiges

Mit Transparentpapier und Filzstift kann man Vorlagen direkt übertragen und zum vorsichtigen Durchzeichnen (mit weichem Bleistift) unter die Seide legen (auf heller Unterlage).
Für bügelfixierbare Farben benötigt man ein Bügeleisen, für flüssigfixierbare Farben ein spezielles Fixiermittel, das es zu den entsprechenden Farben im Handel gibt.
Zum Dampffixieren kann man einen Schnellkochtopf (Dampfdrucktopf) mit Siebeinsatz verwenden. In Seidenpapier oder unbedrucktes Zeitungspapier wickelt man die Bilder ein, Alufolie dient zum Schutz gegen Wassertropfen.
Mit Feinwaschmittel, Woll- oder einem speziellen Seidenwaschmittel werden die fixierten Bilder schließlich gewaschen und in noch feuchtem Zustand trockengebügelt.
Die Materialien, die man benötigt, um Miniaturbilder zu rahmen oder Schmuckkarten herzustellen, werden erst weiter hinten vorgestellt.

Doppelschichttechnik mit Pongé und Chiffon

TECHNIKEN DER SEIDENMALEREI

AQUARELL-TECHNIK

Um ein starkes Verlaufen der Farben zu verhindern, wurde dieser Harlekin über eine Imprägnierung mit Antifusant gemalt

Das interessanteste Verfahren für kleine Bildformate ist die Aquarelltechnik. Hier arbeitet man ganz ohne Guttalinien und baut das Bild frei und stufenweise auf. Zunächst grundiert man die gesamte Fläche in einem zarten Farbton, der bereits auf die spätere Stimmung des Bildes hinweist (siehe Abb. 1). Dazu nimmt man mit sauberem Pinsel die Farbe aus den Fläschchen, verdünnt sie in der Vertiefung einer Palette mit etwas Wasser und Alkohol und mischt sie gegebenenfalls mit anderen Farben. Nun streicht man sie im Wechsel mit Wasser auf die Seide; man kann auch noch vorsichtig andere Farbnuancen hineintupfen, das ergibt eine abwechslungsreiche Fläche. Man soll in diesem Stadium natürlich schon etwas vom späteren Bild andeuten, zum Beispiel dunkle Stellen für Berge oder Erhebungen im Vordergrund, helle Stellen für Wasserflächen.
Ist diese Grundierung getrocknet, wird man beim Malen schon etwas konkreter: Mit etwas dunkleren Farbtönen setzt man die größeren Flächen ein, also Hügel zum Beispiel (siehe Abb. 2). Durch den Alkohol bilden sich meistens feine Konturen. Wenn man bei Landschaften zuerst die hinteren Hügel malt und danach die vorderen darübersetzt, ergibt das eine gute Tiefenwirkung.
Für den dritten Arbeitsgang verwendet man am besten einen Pinsel mit sehr feiner Spitze; mit ihm malt man die feinen Details und dünnen Linien (siehe Abb. 3). Sie geben dem Bild erst die richtige Tiefe. Nehmen Sie nicht zuviel Farbe in den Pinsel, denn sie würde ja sogleich in der Seide auseinanderfließen. Zusätzlich sollte man die Farbe im Näpfchen etwas eintrocknen lassen, sie ist dann konzentrierter und im Farbton kräftiger. Auch Ihr Namenszeichen können Sie auf diese Weise unters Bild setzen.
Damit die Farben erst gar nicht auseinanderfließen, sondern so wie auf Papier stehenbleiben, können Sie die Seide vorher mit Antifusant oder verdünntem Tapetenkleister einstreichen. Man kann auch den Hintergrund zuerst mit verfließenden Farben gestalten und dann erst diese Imprägnierung auftragen. Erst nach dem Trocknen malt man die kleineren, scharf begrenzten Flächen, und zum Schluß dann die feinen Details darüber.

1. Für den Hintergrund wird die gemischte und verdünnte Farbe im Wechsel mit Wasser aufgetragen. In der lebendigen Fläche sind schon erste Hügel angedeutet

2. Nach dem Trocknen werden mit kräftigeren Farbtönen vom Hinter- zum Vordergrund die Hügel gemalt. Etwas Alkohol in der Farbe läßt feine Konturen entstehen

3. Zum Schluß setzt man die Details in den Vordergrund: Mit fast trockener, konzentrierter Farbe und sehr dünnem Pinsel entstehen Gräser, Bäume und Vögel

GUTTA-TECHNIK

Bei der Guttatechnik zeichnet man vor dem Malen Linien über die Seide, um einzelne Flächen voneinander abzutrennen. Beim Malen fließt die Farbe dann nur bis an diese Linien heran. Man kann auf diese Art Formen und Motive mit ganz klaren Konturen darstellen.
Wenn man mit transparenter Gutta auf die unbemalte Seide zeichnet, leuchten die Linien später weiß aus den bemalten Flächen heraus. Wen das stört, der kann das Konturmittel vorab mit etwas Seidenmalfarbe einfärben oder direkt farbig gekaufte Gutta verwenden. Ein anderes Verfahren: Man grundiert in Aquarelltechnik zunächst die gesamte Fläche in der gewünschten Farbstimmung. Darüber zeichnet man Guttalinien und setzt dann noch einmal Farbe in alle oder einige der abgegrenzten Flächen. Dadurch erhält man später unscheinbarere, farbige Trennlinien.
Um die Linien gleichmäßig dicht und möglichst ohne dicke Ansatzpunkte aufzutragen, braucht man ein wenig Übung. Für ganz feine Linien gibt es dünne Aufsatzröhrchen; eventuell muß benzinlösliche Gutta mit etwas Benzin verdünnt werden, damit sie gut hindurchfließt.

SALZ- UND ALKOHOL-EFFEKTE

Zusätzliche Akzente kann man noch mit Salz erzeugen: Man streut oder legt es auf die bemalte, gerade noch feuchte Seide auf. Weil Salz Feuchtigkeit anzieht, ergeben sich ganz eigenwillige Farbstrukturen. Allerdings sollte man bei kleinen Bildformaten sehr vorsichtig mit dieser Technik sein, denn allzu schnell hat man des Guten zuviel getan, und die ganze Bildwirkung ist dahin.
Malt man mit Alkohol in eine farbige Fläche hinein, treibt er die Farbe dort auseinander: es entstehen feine Ränder.

In dem Ausschnitt des Bildes von Seite 3 findet man die Guttatechnik mit Salz- und Alkoholeffekten vereint

AUF DER GLASSCHEIBE MALEN

Was der Aquarelltechnik sehr entgegenkommt, ist das Malen mit Hilfe einer Glasscheibe. Hierzu benötigt man keinen Spannrahmen mehr, sondern klebt das Seidenstück mit Kreppband auf einer Scheibe fest. Die Vorteile: Man kann auch kleine Seidenreste, die nicht mehr rechtwinklig sind, verwenden. Es entstehen keine Spannungsstreifen durch das Eindrücken der Dreizackstifte. Die Farben fließen nicht so stark auseinander, weil sie nicht nur an der Seide, sondern auch noch etwas am Glas haften. Überschüssige Farbe kann man gut mit einem Papiertuch abtupfen, was auch hier besser geht als auf der nachgiebigen Seide auf Holzrahmen. Farbe, die von der Seide nicht aufgenommen wird, kann nicht nach unten tropfen, wenn die Seide sie nicht mehr halten kann.
Weil Konturmittel bei dieser Technik jedoch auf dem Glas festklebt, nimmt man statt dessen Stoffmalfarbe, um Farbfelder gegeneinander abzugrenzen. Sie ist etwas pastos und haftet nur leicht an dem Glas. Der Vorteil: Man kann sie bequem mit dem Pinsel auftragen und muß sie nach dem Fixieren und Waschen nicht entfernen. Weiße Stoffmalfarbe kann man auch mit Seidenmalfarbe einfärben, wenn man weiße Konturen im Bild nicht mag.
Ist die Seide auf Glas gespannt, kann man gerade zum Malen feiner Details besser die Hand auflegen. Zum Aufspannen klebt man die Seide zuerst mit zwei gegenüberliegenden Seiten straff aufs Glas. Sobald der dritte Rand klebt, kann man gut die Vorzeichnung unter den Stoff schieben. Man zeichnet die Linien vorsichtig mit einem weichen Bleistift auf die Seide durch, entfernt das Blatt wieder und klebt schließlich die letzte Seite fest.
Haben Sie nach dem Malen Ihr Bild zum Fixieren und Waschen wieder vom Glas entfernt, wird die Scheibe gut gereinigt (auch wenn sie sauber aussieht!), um die nächste Arbeit nicht zu verderben.

Wenn die Seide mit drei Seiten auf dem Glas befestigt ist, schiebt man die Vorlage darunter und zeichnet sie mit weichem Bleistift vorsichtig durch

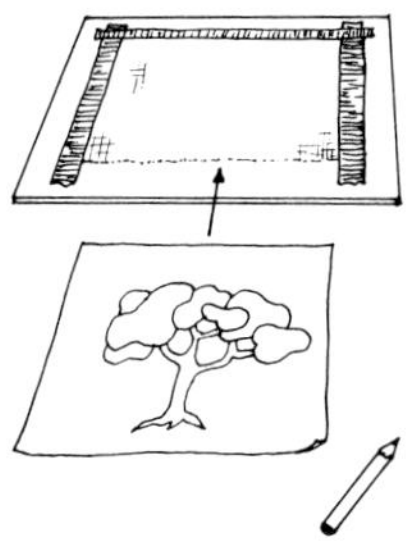

DAMPFFIXIEREN

Wer dampffixierbare Seidenmalfarben verwendet, kann seine Arbeiten zu einem Fixierdienst bringen (in vielen Bastelgeschäften) oder sie im Schnellkochtopf fixieren. Die Seide wird faltenfrei so in Papier eingerollt, daß nirgendwo Seide auf Seide liegt. Beim einstündigen Dampffixieren im hochgestellten Siebeinsatz des Schnellkochtopfes darf nirgendwo Wasser an dieses Päckchen tropfen, deshalb wird es auf Zeitungspapier gebettet und zusätzlich noch ein Stück Alufolie darübergebreitet.

SCHMUCKKARTEN HERSTELLEN

ANLÄSSE GIBT ES GENUG

Viel Freude werden Sie bereiten, wenn Sie zu Geburtstagen und anderen Anlässen keine gekauften Karten, sondern ganz individuell gestaltete kleine Kunstwerke verschicken. Oft werden Sie es erleben, daß der Empfänger solche Seidenbildchen eingerahmt an die Wand hängt.
Natürlich kann man sich aus geeignetem Karton selbst Karten herstellen. Die einfachste Methode ist es, ein kleines, rechtwinkliges Seidenbild rundherum leicht auszufransen und es mit Pritt Klebestift auf eine einfache oder doppelte Karte zu kleben. Schöner sehen jedoch Passepartoutkarten aus. Mittlerweile gibt es im Handel eine so große Auswahl an schönen Doppelkarten mit Umschlägen, daß man sich hier viel Mühe sparen kann.
Übrigens können Sie solche Doppelkarten auch als Tischkärtchen verwenden. Man stellt sie mit dem Knick nach oben auf, den Namen des Gastes schreibt man auf den unteren Rand. Stimmungsvoll wirkt auch eine senkrecht aufgestellte Karte, bei der zwischen den Seiten eine kleine Kerze oder ein Teelicht brennt. Das hinter den Ausschnitt geklebte Seidenbild sollte dann aus nicht zu transparenter Seide bestehen, damit die Farben gut wirken.

Der Handel bietet fertige Passepartoutkarten mit passenden Umschlägen in vielfältiger Auswahl an. Neben Karten und Bildmotiven benötigt man noch einen weichen Bleistift, eine Schere und einen Pritt Klebestift, manchmal auch noch zusätzlich etwas Karton und einen Filzstift

DEN AUSSCHNITT FESTLEGEN

Es gibt mehrere Möglichkeiten, das Motiv in der Größe auf die Karte abzustimmen. Man legt zum Beispiel eine Passepartoutkarte auf die Seide, fährt den Ausschnitt mit einem weichen Bleistift nach und zieht nach dem Entfernen der Karte noch einen 1 cm breiten Rand mit Bleistift oder Konturmittel außen herum. Für mehrere Karten ordnet man alle Felder auf einer größeren Seidenfläche an.
Man kann aber auch zuerst eine lange Landschaft mit kleinen Bäumen malen und dann mit dem Kartenausschnitt ein passendes Motiv heraussuchen. Auch dann schneidet man es mit einem zusätzlichen Rand aus.
Gekaufte Doppelkarten haben meistens ein Beiblatt. Man legt es mit dem Motiv darauf in die Doppelkarte ein. Liegt das Bild in der richtigen Lage hinter dem Ausschnitt, öffnet man die Karte vorsichtig. Zunächst wird das Bild nur mit der oberen Hälfte mit wenig Pritt Klebestift angeklebt, danach mit dem unteren Teil. Wenn die Seide gut glattgestrichen ist, setzt man das Beiblatt von hinten gegen das Passepartout.

Um die Motive auf die Passepartouts abzustimmen, habe ich hier einige Karten in der Höhe ausgemessen und in diesen Maßen (plus etwas Randzugabe) mit Guttastreifen auf der Seide abgeteilt. Links sind zusätzlich bestimmte Ausschnittformen festgehalten, rechts habe ich lange Landschaften vorbereitet, die erst mehr Details erhalten, wenn geeignete Stellen herausgesucht sind

DOPPEL-SCHICHT-TECHNIK

Eine raffinierte Technik ist die doppelschichtige Bemalung. Wer einmal das Prinzip verstanden hat, wird sicher weiter mit diesem Verfahren experimentieren.
Zu Beginn spannt man immer zwei Lagen Seide gleichzeitig auf, und zwar ein Stück dichte Seide (Pongé zum Beispiel) und darüber eine transparente Sorte (Chiffon oder Georgette). Auf diese Weise bemalt man zwei Stofflagen gleichzeitig. Oft wird man dabei bemerken, daß die Farbe aufgrund der verschiedenen Webarten oben und unten etwas unterschiedlich verläuft. Mit dem Fön kann man soeben entstandene Ränder festhalten. Auch Konturmittel lassen sich auf beide Schichten gleichzeitig auftragen.
Wer will, kann dann die Arbeit beenden. Die Seidenstücke werden getrennt, wie immer fixiert und zum Beispiel leicht versetzt auf das Beiblatt und hinter ein Kartenpassepartout geklebt. Durch das Verschieben ergeben sich interessante Überlagerungseffekte.

DAS SPIEL MIT VORDER- UND HINTER-GRUND

Eine andere Möglichkeit besteht darin, die Doppelschicht zunächst in der Aquarelltechnik zu grundieren und nur wenige Konturen anzudeuten. Das Hauptmotiv wird dann erst auf der einzeln aufgespannten Pongéseide detailliert ausgeführt. Auf der transparenten Seide betont man dann nur noch den Vordergrund (bei Landschaften zum Beispiel mit ein paar Gräsern am unteren Bildrand). Liegen beide Stücke wieder übereinander, zeigt sich oft eine räumliche Tiefenwirkung oder ein Dunsteffekt. Man kann das Hauptmotiv aber auch im Vordergrund entstehen lassen.
Man braucht übrigens nicht beide Stoffe zusammen hinter den Passepartoutausschnitt zu kleben. Interessanter kann es sein, wenn der Empfänger die Karte aufklappen und sich nun genauer ansehen kann, was sich hinter der ersten Bildebene verbirgt. Man benötigt dann aber zu dem Beiblatt noch zwei Stücke festes Papier, die man genauso zuschneidet wie die Vorderseite der Karte, also auch wie ein Passepartout. Das eine klebt man hinter die Vorderseite, so daß die transparente Bildebene dazwischen liegt. Das andere Passepartout klebt man auf das Beiblatt, so daß die Pongéseide dort eingerahmt wird. Auf diese Weise kann man alle Schnittkanten der Stoffe sauber verschwinden lassen. Das Beiblatt mit dem Hintergrund legt man dann lose ein oder klebt es vorsichtig innen an den Kartenknick.

Für dieses graphische Schmuckkartenmotiv wurden Chiffon und Pongéseide zusammen aufgespannt und dann mit Guttalinien überzogen. Nach dem Ausmalen der Streifen dazwischen, habe ich die Seide wie üblich fixiert und gewaschen. Man erkennt deutlich, daß beide Stücke leicht gegeneinander verschoben wurden

Die Karte, die mit beiden Bildebenen übereinander auf Seite 21 abgebildet ist: Links sieht man das Hauptmotiv auf der dichten Pongéseide, rechts die aufgeklappte Karte

MINIATURBILDER EINRAHMEN

EIN KLEID FÜR DAS BILD

Damit ein Seidenbild gut zur Geltung kommt, sollte man ihm natürlich einen passenden Rahmen geben. Sicherlich kann man sich selbst einen basteln, doch bietet der Handel so viele Fertigrahmen an (mit Glas und Passepartout), daß man hier vermutlich das Passende finden wird. Am beliebtesten ist das Rechteckformat, das man von 7 x 13 cm bis 50 x 70 cm in vielen Zwischengrößen erhält. Achten Sie beim Kauf darauf, daß an der Rahmenrückwand gut eingestellte Spannungsfedern vorhanden sind. Es könnte nämlich sonst sein, daß das Bild später Wellen wirft, wenn es nicht gut gegen das Glas gepreßt wird. Denn man muß wissen, daß Seide als Naturmaterial auch etwas auf Luftfeuchtigkeits- und Temperaturschwankungen reagiert.

Am wirkungsvollsten kommt die feine Seide in Metallrahmen zur Geltung. Holzrahmen sind oft zu aufwendig gearbeitet und wirken vom Material her, gerade für Miniaturbilder, zu grob. Für Bilder im Postkartenformat und größer gibt es aber auch schon schlichte Modelle ohne allzu viele Rillen oder Goldstreifen: auf sie kann man sicherlich gut zurückgreifen. Will man den textilen Charakter eines Seidenbildes besonders betonen, empfehlen sich rahmenlose Bildhalter ohne Passepartout. Ihr Kunstwerk, das ein gutes Stück kleiner sein sollte als das Glas, wird dazu fadengerade zugeschnitten; zusätzlich zieht man noch vorsichtig ein paar Fäden rundherum aus, so daß man winzige Fransen erhält. Dann legt man es probeweise auf den Untergrund (er sollte weiß sein) und markiert die Eckpunkte des Bildes. Mit dem Pritt Klebestift fixiert man es mit dem oberen Rand auf der Fläche, so daß es gerade herabhängen kann, und bringt es hinter das Glas.

Ob Hoch- oder Querformat: immer sollte der obere Passepartoutrand etwas schmaler sein als der untere

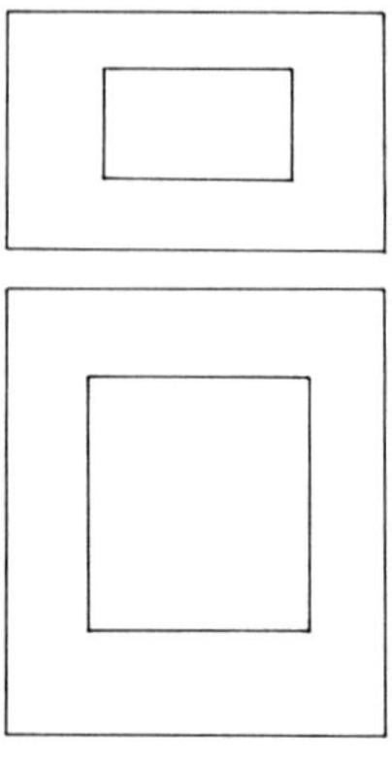

Nicht nur der Rahmen, sondern auch ein Passepartout trägt ganz entscheidend zur Bildwirkung bei. Es ist wie ein Kleid für das Bild. Achten Sie also darauf, daß Ihr seidenes Miniaturbild und das Passepartout in Farbe, Form und Größe miteinander harmonieren.

Kauft man fertige Rahmen, liegt meistens schon ein Passepartout bei. Es besteht in der Regel aus dünnem Papier und ist oft noch mit einem feinen Linienrahmen versehen. Nicht immer paßt es zu dem gemalten Motiv, deshalb stellt man sich besser selbst ein geeignetes Passepartout genau nach Maß her.

PASSE-PARTOUTS SELBERMACHEN

Man benötigt ein Zentimetermaß, eine Metallschiene (Stahlkante), einen Bleistift, ein Teppich- oder Papiermesser und eine unempfindliche Unterlage. Dann mißt man sein Bild aus, wobei man unbedingt darauf achten muß, daß Spannungsstreifen oder Flecken von den Dreizackstiften später hinter dem Passepartout verschwinden. Dieses Format überträgt man auf die Rückseite des gewählten Kartons: Der seitliche Abstand zum Rahmen sollte an beiden Seiten genau gleich sein, den oberen Rand dagegen macht man aus optischen Gründen ein klein wenig schmaler als den unteren. Machen Sie sich wirklich die Mühe, genau zu messen und zu rechnen, denn schiefe Bildränder stören später den Betrachter. Dann legt man die Metallschiene exakt von außen an das markierte Bildformat an und schneidet mit dem Messer diese Innenfläche sorgfältig heraus.
Noch professioneller sieht natürlich ein Schrägschnittpassepartout aus dickerem Karton aus, es verleiht dem Bild mehr Tiefe. Mittlerweile gibt es kleine Schneidegeräte für Hobbykünstler im Fachhandel, doch ist die Handhabung beim Selbstschneiden nicht ganz einfach. Das Angebot an fertig geschnittenen Schrägschnittpassepartouts ohne Rahmen ist im Handel inzwischen so groß, daß man sich hier ruhig einmal umschauen sollte. Besonders runde oder ovale Bildausschnitte wird man kaum so exakt selber schneiden können.

Wer die Wahl hat, hat die Qual. Welchen Rahmen man für sein Bild auswählt, bleibt jedem selbst überlassen. Am besten probiert man mehrere Varianten aus

MOTIVE FÜR KARTEN UND BILDER

Zu diesem Bild inspirierte mich das fröhliche Durcheinander der Natur im Herbst, wenn das bunte Laub auf der Erde liegt. Auf die helle Grundierung habe ich mit transparenter Gutta die Konturen aufgezeichnet. Die begrenzten Flächen wurden dann mit vielen Farben ausgemalt, anschließend noch der Bodenbereich mit Brauntönen abgedunkelt. Dort treten jetzt die Guttalinien klar hervor, während sie oben fast versteckt wirken. Die Kreise entstanden durch Alkohol und Farbe

Graphische Bilder lassen sich gut in der Guttatechnik arbeiten. Damit die Linien aber nicht so kräftig in Weiß aus den anderen Farben „herausknallen", habe ich die Seide vor der eigentlichen Bemalung in zarten Farben grundiert. Erst dann habe ich die Guttalinien gezogen und hinterher die Felder dazwischen verschieden ausgemalt

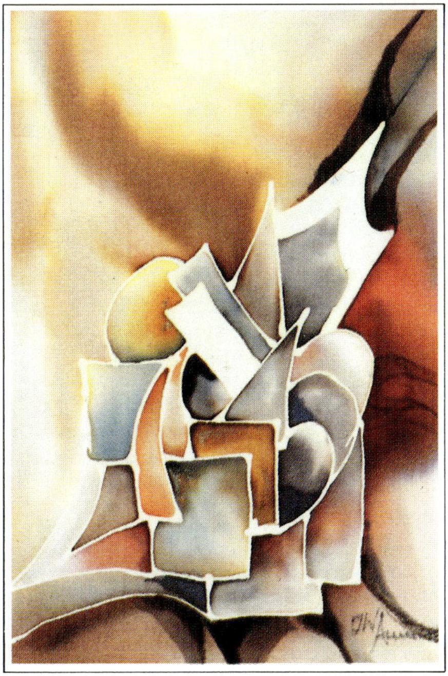

Links heben sich die graphischen Strukturen gut von dem mit weichen Übergängen aquarellierten Hintergrund ab. Zuerst zeichnete ich die Linien mit transparenter Gutta auf und füllte danach die Flächen mit Seidenmalfarben in verschiedener Verdünnung aus. Der Hintergrund mit den weichen Übergängen zwischen den Farbflächen entstand später

In Doppelbemalung auf Pongé- und Georgetteseide entstand diese bauschige Blüte. Ihre Zartheit und das weiche, blaugrüne Moos im Hintergrund ließen sich mit dieser Technik gut wiedergeben

Auch das große Bild habe ich ganz ohne Guttakonturen gearbeitet: Alkoholeffekte auf aquarelliertem Grund bestimmen das Bild. Durch die sehr weichen Farbübergänge entstand während des Arbeitens eine sich sanft bewegende Unterwasserlandschaft. Mit einem Filzstift habe ich nachträglich noch Konturlinien eingezeichnet

Auch diese Schmuckkarte entstand in Doppelbemalung auf Georgette- und Pongéseide. Guttalinien und ein aquarellierter Hintergrund wurden gleichzeitig auf beide Flächen aufgetragen. Die Pflanzen im Hintergrund malte ich fast nur auf die Pongéseide, während der Vordergrund durch die aufgemalten Schilfhalme betont wurde. Das erzeugt eine interessante Tiefenwirkung

Ein Spaziergang am Wasser während eines Sonnenaufgangs inspirierte mich zu diesem Motiv für eine Klappkarte. Die Georgette- und die Pongéseide wurden zunächst gemeinsam mit Guttalinien und mit Aquarelleffekten bemalt, danach in getrennten Arbeitsgängen beendet. Der durchsichtige, leicht versetzt angebrachte Chiffon erzeugt den Eindruck von Nebel

Links oben: Ein lieblicher, warmer Sommertag entstand in Aquarelltechnik auf Pongéseide. Zu den warmen Braun- und Grüntönen steht das klare Blau des Wassers in einem leuchtenden Kontrast

Links unten: In hellen Brauntönen, ergänzt durch Wasser und Alkohol, entstand die erste Grundierung. Das Andeuten von Hügeln und kleinen Inseln teilte die Landschaft genauer auf. Doch erst die mit fast trockenem Pinsel gemalten Bäume, Sträucher und Gräser geben diesem Herbstbild seinen typischen Charakter

Das Winterbild oben wirkt trotz Kälte und Schnee fröhlich, die Farben des Himmels und des Teiches geben dem Bild einen zarten Farbkontrast. Zunächst wurden Himmel und Landschaft mit stark verdünnter Farbe aquarellierend grundiert. Die Schatten der Hügel und alle anderen Details wurden anschließend mit einem fast trockenen Pinsel und ganz ohne Gutta gemalt

Eine Faszination ist immer wieder die in Nebel gehüllte Landschaft. Man läßt sich von der Ruhe einfangen und gibt den Gedanken freien Lauf. Wichtig für solch eine Bildwirkung ist der Einsatz von möglichst wenig Farbe: viel Weiß muß auf der Seide stehenbleiben. Die verwendeten Farben sollten getrübt sein, so wie sie uns die Natur zeigt. Weiche Übergänge entstehen durch freies Aquarellieren. Schon ein paar kleine Details, mit fast trockenem Pinsel gemalt, reichen aus, um diesem Bild genügend Spannung zu verleihen

Links: Ein kleiner Postkartengruß: Nach der Grundierung des Himmels arbeitet man ganz ohne Guttakonturen die Hügel von hinten nach vorne mit immer kräftigeren Farben aus

Motiv rechts: Abendrot in den Bergen, eine dicke Wolkendecke gibt noch Licht auf den See frei. Die Ränder an den Bergen entstanden nicht durch Guttalinien, sondern durch alkohol- und wasserverdünnte Farbe

1986

Ein Baum ist immer ein beliebtes Motiv. Wenn man ihn in einem Oval etwas seitlich von der Bildmitte plaziert, gibt das der ganzen Komposition mehr Spannung, als wenn er genau in der Mitte stünde. Himmel und Wasser wurden zuerst gemalt, dann Hügel und Gräser; der Baum wurde mit einem relativ trockenem Pinsel darübergesetzt

Ein etwas surrealistisch angehauchtes Bild spiegelt unsere Umweltprobleme wieder: Das Liniengeflecht erinnert an einen abgestorbenen Baum, dessen Wurzeln die Erde durchziehen. Der Eindruck von Tiefe wird auch hier durch die blassen Farben im Hintergrund und die dunklen Farben im Vordergrund erzielt. Das Motiv liegt nicht genau in der Bildmitte – dadurch wird mehr Spannung erzeugt

Ganz ohne Guttalinien entstand das optimistisch wirkende Landschaftsbild rechts, das durch die Farbstimmung gleichzeitig ein bißchen nachdenklich macht. Zuerst malt man den Himmel mit weichen Übergängen, den Vordergrund grundiert man ebenso. Mit etwas kräftigeren Grautönen entstehen dann die Hügel im Hinter- und Vordergrund. Die Gräser, Sträucher, Bäume, der Zaun und die Vögel werden ganz dunkel mit fast trockenem Pinsel gemalt. Das erzeugt hier den Eindruck von Raumtiefe. Die Wolken entstanden durch Alkohol, mit wenig Grau vermischt

Um die Zartheit der schillernden Lilien darzustellen, entschied ich mich für die Aquarelltechnik, bei der ich nachträglich mit der Spitze eines sehr dünnen Pinsels feine Details dazugezeichnet habe. Die Pongéseide hatte ich auf einer Glasscheibe aufgespannt und mit einem Antifusant vorbehandelt, damit man hier wie auf Papier malen kann. Die Blätter habe ich bewußt etwas verschwommen gelassen, damit vor allem die Blüten mit den feinen Linien besser in den Vordergrund treten

An ein Ufer erinnert dieses etwas abstrakte Motiv. Guttalinien auf weißem Grund sind der Anfang bei dieser Arbeit; dann werden die Innenfelder und die Umgebung in verschiedenen Farben bemalt

Ein Schmetterling fliegt in die Freiheit, über Gräser und unter Bäumen entlang. Mit ganz zarten Farben habe ich die Seide zunächst an wenigen Stellen grundiert, bevor ich dann mit Guttalinien das Motiv aufgezeichnet habe. Beim Ausmalen der Zwischenräume kann man seiner Phantasie freien Lauf lassen. Jedoch sollte auch Weiß stehenbleiben, es symbolisiert das Licht in diesem Bild

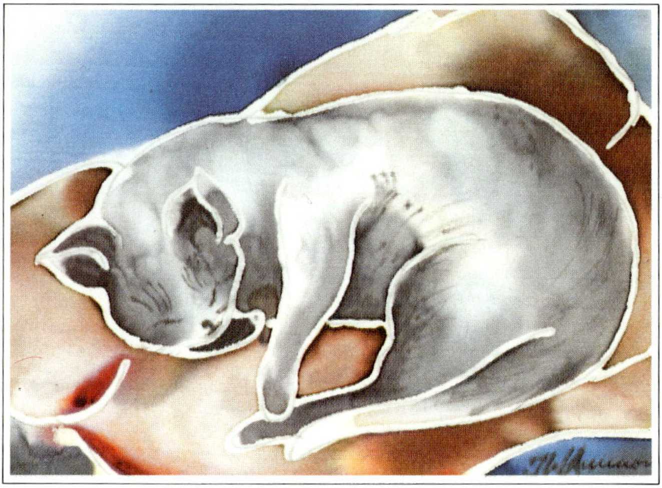

Bilder fürs Kinderzimmer: Jedesmal habe ich das Hauptmotiv zuerst mit Guttalinien abgegrenzt. Danach entstand der Hintergrund in Aquarelltechnik. Wenn man dann die Hauptmotive innerhalb der Guttalinien ausmalt, heben sie sich deutlich vom Hintergrund ab. Mit fast trockenem Pinsel fügt man dann noch Details hinzu

SCHÖNES HOBBY

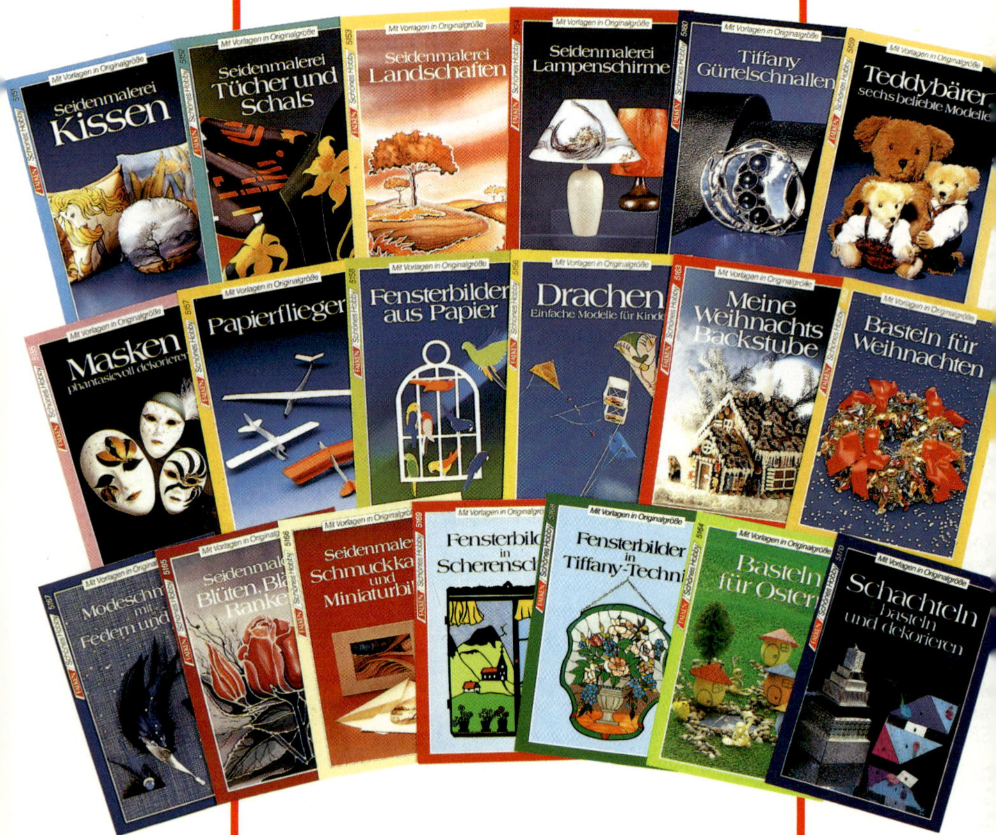

Jeder kartonierte Band mit 32 Seiten, durchgehend vierfarbig mit zahlreichen Fotos, Zeichnungen und Vorlagen in Originalgröße